Bernadette Saphira Huber

Mein Engel beschützt mich

"Die Kindergebete von Bernadette Saphira Huber sind sehr schön für die Kinder der neuen Zeit. Ich bete sie gerne mit meiner Tochter."

Jana Haas (Engelexpertin, Cosmogetic-Institut)

Ich finde diese Idee, Kindern Zugang zu ihrem Schutzengel über Gebete und das, was ich geführte Meditationen nenne, zu ermöglichen, ganz wundervoll und hier auch auf wirklich sehr schöne Weise umgesetzt. Ich wünsche dem Buch, dass es viele Kinderseelen erreicht und glücklich macht.

Ruediger Dahlke · TamanGa · Dezember 2013

Mein Engel beschützt mich

Fantasievolle Gebete für Kinder

Bernadette Saphira Huber

// SILBERSCHNUR VERLAG

© Copyright Verlag »Die Silberschnur« GmbH

ISBN: 978-3-89845-432-2

1. Auflage 2014

Gestaltung & Satz: XPresentation, Güllesheim
Umschlaggestaltung: XPresentation, Güllesheim; unter Verwendung
eines Motivs von © Kirill Kedrinski, www.fotolia.com
Druck: Finidr, s.r.o. Cesky Tesin

Verlag »Die Silberschnur« GmbH · Steinstr. 1 · 56593 Güllesheim
www.silberschnur.de · E-Mail: info@silberschnur.de

Inhalt

Widmung

*I*ch widme dieses Buch meiner wundervollen Tochter Luna, die mich durch ihre kindlichen Fragen, in denen ich mich selbst als Kind wiedererkannte, immer wieder dazu inspirierte, dieses Buch fortzusetzen. Ich widme es auch meinen Eltern Heidi und Josef, die aus folgendem Grund und schon während der Zeit, als meine Mutter mich unter ihrem Herzen trug, das Gebet zu einem Glücksbringer für mich gemacht haben: Meiner Mutter war während der Schwangerschaft das Aufstehen 6 Monate lang untersagt worden, wenn sie mich – das Baby – behalten wollte. Ohnehin war es wegen Komplikationen bei einer früheren Schwangerschaft mit meinem Bruder nicht einfach gewesen, die Entbindung sicher durchzuführen. Sie beteten damals zu den Engeln, auch zu einem für mich ganz besonderen – Bernadette Soubirous von Lourdes. Würde die Entbindung gut verlaufen und meine Mutter, so wie ich, bei bester Gesundheit sein, so würden sie zum Dank nach Lourdes an die Grotte fahren, und mir den Namen Bernadette geben. Gesagt, getan – mein Name trägt das Glück der Erfüllung eines Gebetes! Dafür und noch für vieles, vieles mehr widme ich auch meinen Eltern dieses gebetserfüllte Kinderbuch.

*A*n die Eltern

Mein Engel beschützt mich, ist ein Buch, in dem ein kleines Mädchen erzählt, wie es Hilfe bei ihrem Engel und Gott findet und warum es ihr Freude macht zu beten. Mit kleinen Beispielen zu verschiedenen typischen Situationen im Leben eines jeden Kindes gibt Luna Einblick in ihre Gedanken und bietet Hilfe beim Beten. Alles in allem lehrt die kleine Luna das Visualisieren und Manifestieren auf kindliche Weise. Es wird den Kindern bewusst gemacht, wie viel sie mit einem offenen, vertrauenden Herzen bewirken können und wie beschützt sie von ihrem immer anwesenden Schutzengel sind.

In einer so turbulenten Zeit – einer Zeit des Wandels, in der viele Menschen erwachen und sich auf den Weg machen zu ihrem wahren Zuhause, zu ihrem wahren Sein – ist es umso wichtiger, dass man die Kinder frühstmöglich mit einbezieht. Die Kinder sind derart offene Kanäle nach oben zum Licht – wollen wir gemeinsam daran arbeiten und es uns zur Aufgabe machen, dass sie in dieser materiellen, schnelllebigen Welt den Kontakt zu den Engeln aufrechterhalten können und sich nicht mühselig all ihre angeborenen Gaben und individuellen Wahrnehmungen, die die Welt so schnell zu verdunkeln vermag, wieder neu erarbeiten müssen.

Wollen wir ihnen gemeinsam ihren Weg ins weite Lebensmeer mit lichtvollen Wegweisern erleichtern – damit sie im Vertrauen darauf aufwachsen, dass ihr Gott sie liebt und sie in dieser Lebensschule auch Fehler machen dürfen. In dem Wissen, das **alles** zu ihrem Besten ist und der himmlische Vater nur das Beste für uns alle will. Im tiefen Glauben daran, dass wir alle den Frieden in uns erschaffen können und so eine friedvolle Welt erschaffen, in der die Liebe regiert! Die Liebe ist unser Wegweiser, und die Liebe ist die Kraft, die uns aus allem heraushilft. Liebe heilt alles, Liebe lässt alles verzeihen, Liebe ist ewig und Liebe ist Wahrheit! Liebe alles – und du bist ein wunderbarer Lichtträger! Ich danke allen, die dieses Buch lesen. Lasst uns zusammen Licht in die Welt tragen!

*V*orwort

*H*allo, ich bin Luna. Mir macht Beten echt Spaß, denn ich habe meinen Schutzengel zu meinem besten Freund ernannt. Schutzengel freuen sich, wenn wir sie als Freunde sehen. Ich rede mit meinem Engelfreund über alles – über Dinge, die mich freuen, und über Dinge, die mir weniger Freude bereiten. Überall ist er an meiner Seite, und stets hat er ein offenes Ohr und die Gabe, mir zu helfen und mir beizustehen. Auch Gott, Mutter Maria und Jesus, an die ich mich übrigens auch gerne wende, wenn ich nicht mehr weiterweiß, möchten, dass wir Menschen sie als Freunde sehen – und wer möchte nicht Freunde haben, die nur Gutes tun und die uns immer – egal, was wir tun – verzeihen und helfen?

Ich finde es sehr schade, dass viele erwachsene Menschen vergessen haben, was für Freunde sie da haben. Manche Menschen schimpfen über ihr Leben und denken nicht mal daran, sich an die himmlischen Helfer zu wenden. Wenn ich dann sage »Dein Engel wartet doch nur, bis du ihn beauftragst, dir zu helfen«, dann wird das meistens belächelt, und meist höre ich dann nur: »Ach, wenn es so einfach wäre!«

Doch ich sage euch, es ist so einfach! Und nur weil vielen Menschen der Glaube an die Engel fehlt, meinen sie, alles allein machen zu müssen. Wenn sie nur erkennen würden, dass das Leben nicht allein gemeistert werden muss, sondern dass für jeden und zu jeder Zeit ein Engel bereitsteht, der, wenn wir ihm vertrauen, alles zu unserem Besten wendet, dann wären viele Probleme gar keine mehr. Dann würden die Menschen anfangen zu verstehen, **dass jede Schwierigkeit uns etwas zeigen möchte**. Wenn wir dann unseren Engel bitten, uns zu zeigen, was wir erkennen und lernen sollen, und es mit seiner Hilfe verstehen, können wir alle Schwierigkeiten lösen. Wir sind nämlich nicht hier auf der Erde, um Probleme und Schwierigkeiten ertragen zu müssen – was hätte das denn für einen Sinn? Nein, wir sind hier, um zu lernen. Und das Leben gibt uns die Aufgaben.

Man könnte auch sagen, wir sind hier, um in allem, was schlecht aussieht, das Gute zu erkennen – und dabei hilft uns unser Engel. Er hilft uns immer wieder, auch wenn wir noch so lange brauchen oder einen Fehler öfter machen. Unser Engel ist geduldig und wird uns immer gerne beim Lernen helfen. Es ist neben dem Beschützen eine seiner Hauptaufgaben. Die Erde ist also wie eine Schule für uns – eben nur mit anderen Fächern als die Schulfächer, die wir kennen.

Wenn wir das verstehen, dann sind Probleme nur noch Lernaufgaben und das Leben wird zum Lernspiel!

Also, schick' bei jedem Problem eine Nachricht zum Himmel und frag' nach, warum das jetzt so ist und was du Schönes darin finden oder daraus lernen kannst. Und wenn du dir nicht sicher bist, ob du die Antwort schon verstanden hast, bohr ruhig noch mal nach – so oft bis du weißt, warum etwas in deinem Leben gerade nicht so funktioniert, wie du es gerne hättest. Die Antworten der himmlischen Helfer kommen übrigens oft in Gedanken und Bildern – und wenn du bei dem Gedanken, der kommt, ein schönes, frohes Gefühl im Herzen hast, dann kannst du dir sicher sein, dass dein Engel dir geantwortet hat.

Es gibt Zeiten, in denen man viel lernen kann, und dann hat man aber auch wieder mal Ferien vom Lernen. Wie in der Schule eben! Und wir können selbst entscheiden, wie lange wir brauchen, um etwas zu lernen. Das ist so, weil Gott und die Engel, die ja sozusagen die Lebensschulleitung sind, uns so sehr lieben! Mein Engel sagt immer: »Das, was du gelernt hast, kann dir keiner mehr nehmen. Und wenn du gerne von mir lernst, dann wird dein Leben bunt und schön. Aber lerne lieber langsam, denn in der Ruhe liegt die Kraft!« Das wird dein Engel bestimmt auch sagen.

Ich wünsche dir recht viel Freude beim Lernen von deinen himmlischen Begleitern, und damit es dir leichter fällt, habe ich dir hier einiges, was ich schon lernen konnte, aufgeschrieben – ich hoffe, dass es dir hilft!

Deine Luna

$\mathcal{W}$ie Luna morgens betet

$\mathcal{I}$ch stelle mir am Morgen viele Dinge vor, die ich mir wünsche. Ich denke so lange an all das, bis ich mir vorstellen kann, dass es tatsächlich wahr ist. Und dann sage ich zufrieden danke dafür! So weiß mein Engel, was mir Freude macht, und kann mir helfen, diese Dinge auch wahr werden zu lassen. Für unsere Engel sind Gedanken wie Worte ... Sie können die Gedanken sehen und verstehen. Ich stelle mir also alles, was mir Freude macht, so gut vor, dass ich manchmal sogar meine, ich könnte die Dinge, die ich in Gedanken sehe, anfassen – so echt fühlt es sich an!

Und dann ist da noch etwas, was ich jeden Morgen mache: Ich hülle mich in einen ganz hellen Lichtmantel, der aussieht wie ein leuchtender Königsmantel, den gibt mein Engel mir jeden Morgen. Und er sagt, es sei ein Schutzmantel – sogar mit Lichtkapuze! Mit drei Worten (»Ich liebe mich!«) und drei tiefen Atemzügen in den Bauch kann mein Tag dann losgehen. Wieso ich das mache, möchte ich dir auch noch sagen, denn das hat einen guten Grund. Dieser Satz hat nämlich himmlische Kräfte! Mein Engel strahlt jedes Mal ganz besonders hell, wenn ich es sage. Und wenn ich dabei tief einatme, dann kommen seine leuchtenden Strahlen bis tief in meinen Körper hinein. Mein Engel sagt, dieser Satz ist ein großer Segen!

Ich wünsche dir nun einen guten Start – jeden Tag aufs Neue! Stell dir immer vor, was er dir Schönes, Gutes bringen mag, dieser himmlisch beschützte Tag. Eine kleine Meditationsreise und meine liebsten Morgengebete schreibe ich dir auch noch auf …

Deine Luna

»Mach-mit-Meditation« – und sieh, was man mit geschlossenen Augen alles erleben kann ...

Schließe die Augen und werde ganz ruhig – so ruhig, dass du deinen Atem hören kannst.

So ruhig, als würde dein Lieblingstier in deinen Armen schlummern und du möchtest es nicht wecken. Atme dabei ganz ruhig und tief in deinen Bauch, und ebenso ruhig und tief atmest du wieder aus. Fühle, wie sehr du das Tierchen liebst, das ganz nah an deinem Herzen schlummert. Atme in diesem schönen Gefühl tief ein und noch tiefer aus. Stell dir vor, wie froh und glücklich du bist, das geliebte Tierchen so nah bei dir an deinem Herzen zu haben, und sag dem schlafenden Tierchen in Gedanken, wie sehr du es liebst! Atme wieder tief und ruhig in deinen Bauch und noch tiefer wieder aus ...

Bleib in diesem schönen, glücklichen Gefühl und stell dir dabei eine Straße vor, die vor dir liegt. Am Ende dieser Straße befindet sich etwas, das dir sehr gefällt. Ganz egal, was es ist – nur dir muss es gefallen. Kannst du es sehen? Dann freue dich darauf, bald dort anzukommen. Und während du langsam den Weg dorthin weitergehst, rufst du in Gedanken nach deinem Engel. Sieh dich um ... Auf welcher Seite von dir steht oder geht dein Engel? Ist er vor dir, hinter oder neben dir? Welche Farbe hat sein Kleid? Ist es gelb wie ein Sonnenstrahl oder vielleicht grün und schillernd wie ein Edelstein? Hält er etwas in der Hand, das er dir zeigen möchte? Vielleicht liegt eine Hand deines Engels auch auf deiner Schulter, und er lächelt dich an ... Lass dir nur Zeit, deinen Engel zu betrachten ... Das ist nur dein Engel, und er ist nur für dich da. Dafür darfst du dich jetzt auch bei ihm bedanken. Er freut sich darauf, mit dir gemeinsam deinen Weg zu gehen und dich dabei zu unterstützen und zu beschützen. Und wenn du möchtest, kannst du deinen Engel bitten, dir den goldenen Königsmantel des Schutzes anzuziehen ... Er reicht ihn dir bestimmt gerne. Sicher wartet er nur darauf, dass du ihn darum bittest ... Lass dir Zeit dabei ... Dieser Moment gehört dir und deinem Engel ...

Wenn du dann so weit bist, dann sieh noch einmal ganz nach vorne auf deinen Weg, bis an die Stelle, auf die du dich so sehr freust. Denke daran, dass dein Engel auf deinem Weg immer an deiner Seite ist. Bedanke dich bei ihm für alles, was er dir gezeigt oder gegeben hat – oder einfach nur dafür, dass er immer bei dir ist.

Werde nun langsam wieder ganz wach und ... strecke und spüre dich. Jeden Finger, jeden Zeh. Sag ein lautes Ohhhh und sag ein lautes Ehhhhhhhh. Kneife die Augen fest zusammen und dann reiße sie ganz weit auf. Klatsche in die Hände und stampfe mit den Füßen auf dem Fußboden auf.

Jetzt hast du den Tag mit deinem Engel begonnen! Und glaube mir, damit hast du das Größte, was es heute zu gewinnen gibt, schon gewonnen.

*L*ieber Engel,
ein neuer Tag steht vor der Tür.
Was bringt er mir?
Ich hoffe, lauter schöne, gute Sachen,
die mir alle Freude machen.
Dass ich lerne und verstehe,
dass ich die richtigen Wege gehe.
Dass ich Menschen glücklich mache
und so tapfer bin wie ein Drache.
Dass ich Prüfungen bestehe
und den Sinn dahinter sehe.
Dass ich abends sagen kann:
»Welch schöner Tag, hab heute viel gelacht,
der Tag, der hat mir Spaß gemacht!«

*L*ieber Engel,
Freunde haben, das ist schön,
manchmal auch zur Schule [zum Kindergarten] gehen.
Im Sommer schwimmen und barfuß laufen
oder mal ein Eis einkaufen.
Im Winter Schlitten fahren und Schneemann bauen
und am Fenster die lustigen Eisblumen anschauen.
Dabei bitte ich dich, Engel, immer bei mir zu sein
und meine Hand ganz fest zu halten.
Denn ob bei Regen, Schnee oder Sonnenschein,
du sollst mit mir meinen Weg gestalten.
Danke!

24

Guten Morgen, schöner Tag!
Freundlich heiß ich dich willkommen.
Ich hoffe, alles, was ich gerne mag,
hast du heute wieder für mich mitgenommen.
So kannst du, lieber Tag, jetzt auch beginnen.
Ich will genießen dich, mit allen meinen Sinnen.

Lieber Engel,
morgens wenn der Tag beginnt,
möchte ich zu dir beten,
dass nur Menschen, die mir Freunde sind,
meine Welt betreten –
Menschen, die mir Gutes tun
und mich unterstützen.
Vor allen anderen Menschen
sollst du, mein lieber Engel, mich beschützen.
Danke!

25

Lieber Gott,
an der Ampel lass mich halten
und erst gehen, wenn sie grün.
Meine Hände will ich falten,
ein braves Kind zu sein, will ich mich bemüh'n.
Auf das Wort der lieben Mutter hören,
damit ich Freude ihr bereite.
Und mein Herz soll dir gehören,
und deine liebe Hand mich leite.
Danke dafür!

So wie ein Bächlein fließt zum weiten großen Meer,
so wie man Blümlein gießt, sonst blühen sie nicht mehr,
so will ich dir gehören, weil du der eine bist,
der immer auf mich schaut und der mich nie vergisst.

So wie die Sonnenstrahlen
sich durch die Wolken recken,
so will ich mich täglich
hin zu Jesus strecken.
Seine Wärme spüren,
tief im Herzen drin.
Und mit aller Lieb
halt' ich ihm meine Hände hin.

27

Lieber Engel,
weil du immer bei mir bist,
fühle ich mich wohl und geborgen.
Hast mich oft schon wachgeküsst –
so beginnt ein schöner Tag mit dir – du machst mich glücklich,
schon am Morgen.
Lässt manchmal die Sonnenstrahlen
Lichter auf meine Äuglein malen.
Vögel zwitschern mir laut zu:
»Vorbei ist wieder die nächtliche Ruh.
Ein neuer Tag fängt an,
an dem man sich erfreuen kann.«
Und zu meinem Schutz und Segen
möchte ich den Tag in deine Engelhände legen.

Guten Morgen, schöner Tag,
ich kann schon deine sonnigen Ärmchen sehen.
Und ich werde jetzt, mein lieber Tag,
froh und munter zur Schule gehen.
Und mein lieber, schöner Tag,
bitte bleib so sonnig und hell.
Denn so ein schöner Sonnentag vergeht oft viel zu schnell.

Lieber Gott,
ein neuer Tag liegt vor mir ganz verborgen,
befreie ihn für mich von allen Sorgen.
Hülle ihn in deine Liebe ein,
lass mir den Tag zum Segen sein.
Danke.

$\mathcal{W}$ie Luna abends betet

$\mathcal{N}$achts ist alles so wie am Tag, nur eben ohne Licht! Alles, was wir tagsüber sehen, würden wir auch nachts sehen, sagt mein Engel. Nicht mehr und nicht weniger. Doch es gab eine Zeit, in der ich die Dunkelheit nicht so gerne mochte. Das war die Zeit, bevor mir mein Engel erklärt hat, dass die Dunkelheit nur da ist, damit wir Menschen verstehen können, was Licht ist. Er sagt, nur im Dunkeln kann man die Sterne leuchten sehen – obwohl die Sterne auch da sind, wenn es hell ist. Er sagt, ich kann auch in Gedanken ein Licht anmachen, und schon wäre es hell um mich herum – ich würde der Dunkelheit damit sogar helfen, denn sie wäre selbst lieber strahlend hell. Und seit ich das weiß, stelle ich mir immer ein Licht vor, überall da, wo es dunkel ist. So kann man der Nacht doch nur danke sagen, dass sie uns zeigt, wie sehr wir das Licht lieben. Stell dir vor, es wäre nie dunkel, dann würden wir nie das Licht einer Kerze richtig leuchten sehen …

Unter dem Schutz meines lichtvollen Engels einzuschlafen und zu wissen, dass er da ist, wenn ich ihn darum bitte, das hilft mir auch noch mal sehr. Abends danke ich meinem Engel auch immer für den schönen Tag. Ich finde, das hat er verdient, da er doch immer für mich da ist und auf mich achtet! Auch die Dinge dieses Tages, die uns nicht gefallen haben, können wir unserem Engel einfach schenken … Wir sollten uns abends immer Zeit nehmen, um in unseren Gedanken aufzuräumen – dann schlafen wir auch besser. Darum bitte deinen Engel, nicht nur bei dir zu sein, sondern lade ihn auch in dein Herz ein. Denn dort kann er die Sorgen, die du vergessen hast, bei ihm abzugeben, dann selbst erkennen und dir abnehmen. So bist du ganz von seinem liebevollen Licht erfüllt und beschützt …

Träum schön … von deinem Engel.

Meine »Mach-mit-Meditation« und meine Abendgebete schreibe ich dir unten wieder auf.

Deine Luna

»*M*ach-mit-Meditation« – und sieh, was man mit geschlossenen Augen alles erleben kann …

*S*chließe die Augen und werde ganz ruhig – so ruhig, dass du deinen Atem hören kannst.

So ruhig, als würde dein Lieblingstier in deinen Armen schlummern und du möchtest es nicht wecken. Atme dabei ganz ruhig und tief in deinen Bauch, und ebenso ruhig und tief atmest du wieder aus. Fühle, wie sehr du das Tierchen liebst, das ganz nah an deinem Herzen schlummert. Atme in diesem schönen Gefühl tief ein und noch tiefer aus. Stell dir vor, wie froh und glücklich du bist, das geliebte Tierchen so nah bei dir an deinem Herzen zu haben, und sag dem schlafenden Tierchen in Gedanken, wie sehr du es liebst! Atme wieder tief und ruhig in deinen Bauch und noch tiefer wieder aus … Vielleicht siehst du auch einen hellen Sonnenstrahl, der ganz hell aus deinem Herzen scheint und die ganze Nacht hell werden lässt. Atme dabei ganz ruhig immer tief in deinen Bauch ein und noch tiefer aus …

Neben dir strahlt dein Engel, er strahlt viel heller als jeder Stern, und du kannst auch spüren, wie dich die hellen

Strahlen wärmen. Es fühlt sich an, als würde man an einem Badesee liegen, und die Sonne hüllt einen in ihre Strahlen ein. Das Einzige, das anders ist, ist, dass diese Engelsonne auch nachts scheint und nicht wie sonst weit oben am Himmel steht, sondern ganz nah bei dir in deinem Zimmer und an deiner Seite leuchtet. Die Engelstrahlen legen sich um dich herum, und du fühlst dich in deinem Nest aus Licht ganz wohl und geborgen. Kuschle dich ganz ein in dein Lichtbettlein. Von der Nacht um dich herum kannst du vor lauter Licht kaum noch etwas sehen, in deinen Gedanken ist es hell geworden und die Nacht bedankt sich bei dir, du hast sie zum Leuchten gebracht. Dein ganzes Zimmer funkelt im Lächeln der dankbaren und fröhlichen Nacht.

Erzähle nun deinem Engel all das, was dich beschäftigt und was du heute erlebt hast. Wenn du möchtest, kannst du dir zu allem, was du deinem Engel erzählst, eine Farbe vorstellen ... Diese Farbe schenke deinem Engel, er wird sie ins weite Lichtmeer tragen, wo sie ihren Platz im Regenbogen einnimmt. Lass dir ruhig Zeit dabei und erzähle ihm alles – er ist dein bester Freund und ein guter Zuhörer. Wenn du fertig bist, dann sieh seine gütigen, schönen Augen an und danke ihm, dass er dir ein so guter, treuer Freund ist.

Atme immer wieder tief ein und aus und sei froh, einen solchen Engel an der Seite zu haben. Sag ihm ruhig, wie froh du bist, dass es ihn gibt! Danke ihm auch dafür, dass er die ganze Nacht bei dir ist und dir mit seinem Licht Wärme gibt.

So wünsche ich dir nun eine zauberhaft schöne Engelnacht. Schlaf gut und träum 'was Schönes!

*L*ieber Engel,
heute Nacht werde ich dich wiedersehen,
werd mich tanzend mit dir auf den Sternlein drehen,
werd dir erzählen, was mich freut und was mich traurig macht,
und dann tanze ich erneut mit dir, die ganze Nacht.
Du wirst mir bei jeder Bitte helfen,
weil jeder Engel das sehr gut kann.
Und bei jeder neuen Bitte fangen wir wieder zu tanzen an.
Und jeder Stern, auf dem wir fröhlich springen,
wird mir am morgigen Tag viel Glück und Segen bringen.

*L*ieber Engel,
danke für die schönen Stunden heute an diesem Tag.
Danke, dass ich ein Englein wie dich an meiner Seite hab.
Drum schlaf ich jetzt glücklich an deiner Hand ein
und träume, so fromm wie ein Englein zu sein.

37

Liebe Nacht, sei mir willkommen,
hast vom lieben Gott ein Sternenkleid bekommen.
Damit ich das Leuchten der Sterne besser sehen kann,
wird es dunkel und ich fange es zu sehen an.
Ich bitte mein Engelein,
auch um mich sollen ganz helle Lichter sein,
denn ich fände es besonders fein,
in der Nacht so hell zu leuchten
wie der Sterne hellster Schein.
Danke!

*L*ieber Engel,
was hab ich heute viel gemacht,
hab über so viel nachgedacht.
Hab manchen Kummer dir gegeben,
denn du sorgst gerne für mein Leben.
Doch auch viel Schönes durfte ich sehen,
auf deinen gesegneten Wegen gehen.
So möchte ich dir abends danke sagen
und bitte dich, mich wieder durchs Traumland zu tragen.
Ich freue mich, mit dir zu sein,
und deshalb schlaf ich friedvoll ein.
Bis morgen früh, lieber Engel,
wenn meine Augen wieder das Licht der Sonne sehen
und wir gemeinsam froh und munter
durch den neuen Tag dann gehen.
Gute Nacht, Engel!

*G*ute Nacht, mein Engel,
müde schlafe ich jetzt ein.
Doch kann ich nicht so müde
von dem langen Tag geworden sein,
dass ich vergesse dir zu danken
für den Schutz an diesem Tag.
Und auch die Bitte will ich dir sagen,
dass dieser Schutz mir nachts auch gelten mag.

*B*evor ich jetzt schlafe, lade ich meinen Engel ein zu mir.
Sag ihm: «Mein Engel, die ganze Nacht schenke ich mich dir!
Sei mir Schutz und gib mir Segen,
begleite mich in meinen Träumen und auf all meinen Wegen.
Sei mir Wächter an Bett, an Fenster und Tür,
mit deinem Licht mich ganz berühr.»
Jetzt kann ich schlafen ganz in Ruh,
denn ich weiß, wach und neben mir bist du!
Danke!

$\mathcal{L}$ieber Engel,
ich bitte dich,
grüß mir all die Sterne, die am Himmel stehen.
Denn alle Sterne liebe ich,
und ich freue mich jeden Abend, sie zu sehen.
Ich werde ab und an mal zu den Sternen winken,
vielleicht kann einer dann, wenn er meinen Gruß erhält, für mich
leuchten und blinken.
Danke an alle Engel und an alle Sterne,
denn alles, was leuchtet, hab ich unendlich gerne!

$\mathcal{L}$ieber Gott,
wie goldener Lichterstaub soll dein Schutz mich einhüllen.
Ganz glitzernd und strahlend soll er mein Herz und
mein Zimmer erfüllen.
In diesem hellen Lichterschein schlafe ich nun beschützt und
friedlich ein.

41

Was bin ich froh,
geschafft ist der Tag.
Vieles war heut, was ich nicht mag.
Das alles pack ich ein in einen Sack,
geb's meinem Engel – der trägt ihn huckepack.
Er freut sich, dass mir nun wieder leichter ist,
er hat nämlich mein Lächeln schon vermisst.
Dann dank ich ihm und seh ihm hinterher,
wie er davongeht mit meinem Säckchen – voll und schwer.
Und wo mein Engel gerade da ist und zu mir lacht,
bitte ich ihn noch um eine gesegnete Nacht.
Danke, Engel!

*E*ngelflügel – hüllt mich ein.
Lasst euer Licht mein Deckchen sein.
Lasst eure Liebe meine Träume bewachen
und mich morgen früh wieder munter erwachen.
Danke!

*D*ie Sterne kann man langsam nun schon am Himmel sehen,
alle Kinder werden wohl jetzt bald zu Bette gehen.
Hilf denen, die Sorgen haben, dass sie diese vergessen
und ruhig und friedlich schlafen mögen,
damit der morgige Tag ist zu ihrem Besten.
Schön soll er sein und voller Segen.

So wie ich die Blümlein seh, die auf der Wiese steh'n,
so kann der liebe Gott uns Menschen seh'n.
So schön, wie die Sterne sind, die wir am Himmel betrachten,
so schön sind wir für Gott,
und er wird auf seine schönen Sternlein achten.

*W*ie Luna vor dem Essen betet

*W*enn ich mit meiner Familie oder auch alleine esse, dann halte ich meine Hände über den Teller und bitte Gott oder meinen Engel, mein Essen zu segnen. Denn oft ist in den Speisen, die wir täglich zu uns nehmen, vieles, was unserem Körper nicht guttut. Auch wenn die Nahrungsmittel frisch vom Bauern kommen – ein Segen der himmlischen Helfer ist immer gut für unser Essen. Ich stelle mir daher vor, wie ganz helle Lichtstrahlen in meine Speisen strahlen, und danke meinem Engel für den Segen. Dann schmeckt's mir meist besonders gut.

Ich kann euch nur empfehlen, das bei euren täglichen Speisen auch zu machen. Viele Engel werden um euren Tisch herumstehen, beim Segnen mitmachen und dabei fröhlich lachen. Und wenn man bedenkt, wie viele hungernde Menschen es gibt, dann wird einem klar, wie gut wir es haben. Und dafür sollten wir uns auch bedanken!

Meine Tischgebete findest du weiter unten in diesem Kapitel – und auch eine kleine Meditation sowie einen Segen habe ich dir aufgeschrieben.

Deine Luna

»Mach-mit-Segnung« – schließe die Augen, und stell dir vor ...

Vor dem Essen schließen wir die Augen und werden ganz ruhig und fröhlich in uns. Am besten stellen wir uns dabei immer vor, wie wir unser Lieblingstierchen in den Armen, ganz nah am Herzen halten und wie es ganz ruhig bei uns schläft ... Wir werden dabei selbst ganz ruhig, denn wir möchten das liebe Tierchen ja nicht wecken. Wir atmen dabei tief in unseren Bauch, und noch tiefer atmen wir wieder aus ... Wenn wir in diesem frohen Gefühl angekommen sind, dann haben wir die beste Verbindung zu unserem Engel.

Nun halte deine Hände über den Teller und stell dir helle Lichtstrahlen vor, die in deinen Teller leuchten ... Du kannst dir vorstellen, dass sie durch deine Hände in deinen Teller strahlen – oder aber auch durch einen Engel, der als helles Licht über dem Tisch schwebt und mit seinen Licht-strahlen alles reinigt und segnet. Achte dabei immer auf das fröhliche, leichte Gefühl, das du im Herzen spürst, wenn du das geliebte schlafende Tierchen betrachtest.

Wenn alles vom Licht berührt ist, dann bedanke dich für den reich gedeckten Tisch. Und wenn du möchtest, dann lächle deinen Engel an und danke auch ihm. Freu dich nun auf die Speisen in dem Wissen, dass sie deinem Körper guttun werden.

Ich wünsche einen guten Appetit!

*E*s ist gut, wenn man bei der Essenszeit daran denkt,
dass der liebe Himmel uns diese Mahlzeit schenkt.
Das wollen wir jetzt tun
und beim Segnen der Speisen einen Augenblick
in diesem Gedanken ruh'n.
Amen.

*L*ieber Engel,
ich danke dir für diesen reich gedeckten Tisch.
Wir haben immer zu essen, und die Speisen sind wertvoll und frisch.
Ich bitte dich, dass du mit deinem Licht auf meinem Teller malst
und so das Essen mit deiner segnenden Liebe bestrahlst.
Danke!

*L*ieber Engel,
meine Hände und deine Flügel sollen sein
über meinem Tellerlein.
Sie sollen Segen für mein Essen bringen
und es mit besten Energien beschwingen.
Danke!

*L*ieber Gott,
bevor ich jetzt mein Mahl verzehre,
bitte erweis' mir doch die Ehre,
dass du mit deinem hellen Schein
die Speisen wäschst von allem rein.
Danke!

Lieber Gott,
deinen Segen
möcht ich in mein Essen legen.
Dass alles, was bekommt mir nicht,
sich auflöst unter deinem Licht.
Danke!

$\mathcal{W}$ie Luna bei Angst betet

$\mathcal{W}$enn du vor etwas Angst hast, dann lächle es an und stell dir einen Sonnenstrahl vor.

Sonnenstrahlen waschen Ängste weg – doch Übung macht hier erst den Meister! Ärgere dich nicht, wenn es nicht sofort klappt. Sei geduldig mit dir selbst. Dein Engel ist es auch mit dir!

Manche Menschen haben mehr Angst und andere weniger. Zu viel ist nicht gut – und zu wenig auch nicht. Doch die Angst ist uns, wie mein Engel sagt, oft nur ein guter Lehrer. Meist kommt der »Lehrer Angst«, wenn wir übermütig sind oder unvorsichtig – dann kommt er, um uns zu warnen. »Vorsichtig sein« heißt es dann, und wir sollten in solchen Situationen unser Verhalten noch einmal überdenken. Doch es gibt auch die Wichtelangst, und diese Art von Angst ist, so wie der Name schon verrät, eine Angst, die uns wie ein frecher Wicht davon abhält, glücklich und frei zu sein!

Wenn wir uns Beispiele ansehen, dann wäre der Lehrer Angst beim Klettern da und würde uns vor zu hohen oder zu gefährlichen Bäumen warnen. Auch beim Überqueren einer Straße kann man die Warnung zur Vorsicht des Lehrers Angst oft in sich spüren – darauf sollten wir dann auch achten. Genauso verhält es sich, wenn wir auf einer schmalen Mauer herumturnen. Dann haben wir vielleicht Angst herunterzufallen – und diese Angst ist als Lehrer hier. Da möchte uns der Lehrer Angst sagen: »Pass auf, sonst fällst du runter!« Der Lehrer Angst ist manchmal zwar etwas beängstigend und streng, doch man kann ein wahrer Meister werden, wenn man gut aufpasst und dabei lernt, was in einem steckt! Doch wenn die Wichtelangst dir zum Beispiel beim Zahnarzt erzählt, dass du jetzt Angst hast, dann hat eindeutig der schelmische Wicht seine frechen Finger im Spiel – denn der Zahnarztbesuch ist ja wichtig und man will dir dort nur helfen.

Versuche einfach, die Angst als Lehrer zu lieben, dann wird sie dort verschwinden, wo sie unnötig da ist, und dort, wo sie als Lehrer kommt, wird sie uns zeigen, warum wir aufpassen sollten. Man lernt schnell zu unterscheiden, welche Art von Angst es ist – ob sie dich beschützt oder ob sie dich ärgert und einengt. Wenn du anfängst, den Lehrer Angst für seine wichtigen Warnungen zu lieben, dann hat es die Wichtelangst immer schwerer, in dein Herz zu kommen – bei Menschen, die viel Liebe empfinden, funktionieren ihre schelmischen Kräfte irgendwann nicht mehr. Denn Liebe ist eine Zauberkraft und

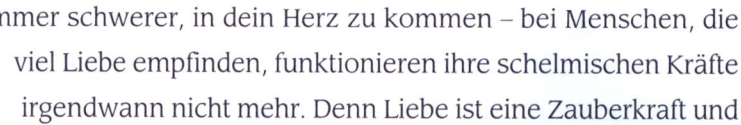

stärker als die unnötige Angst! Die Liebe ist der Elefant und die unnötige Angst ist die Maus. Wer gewinnt, weiß jedes Kind! :-)

Auch hierzu habe ich dir wieder ein paar meiner Gebete und eine »Mach-mit-Meditation« aufgeschrieben.

Deine Luna

»*M*ach-mit-Meditation« – und sieh, was man mit geschlossenen Augen alles erleben kann …

*S*chließe die Augen und werde ganz ruhig – so ruhig, dass du deinen Atem hören kannst.

So ruhig, als würde dein Lieblingstier in deinen Armen schlummern und du möchtest es nicht wecken. Atme dabei ganz ruhig und tief in deinen Bauch, und ebenso ruhig und tief atmest du wieder aus. Fühle, wie sehr du das Tierchen liebst, das ganz nah an deinem Herzen schlummert. Atme in diesem schönen Gefühl tief ein und noch tiefer aus. Stell dir vor, wie froh und glücklich du bist, das geliebte Tierchen so nah bei dir an deinem Herzen zu haben, und sag dem schlafenden Tierchen in Gedanken, wie sehr du es liebst! Atme wieder tief und ruhig in deinen Bauch und noch tiefer wieder aus … Das schöne, liebevolle Gefühl, das du spürst, wenn du an das geliebte Tierchen oder an etwas anderes, das du liebst, denkst, ist wie eine Verbindungsschnur – ein schönes, leichtes Gefühl ist wie die Telefonnummer zu deinem Engel. Und das Gute daran ist, dass dein Engel immer erreichbar ist, es ist niemals besetzt – dein Engel geht sozusagen immer ans Telefon ...

Bleib in diesem schönen Gefühl und stell dir dabei einen großen Koffer vor. In diesen Koffer packst du alles, wovor du Angst hast oder Angst hattest ... Alles, wovor du vielleicht einmal erschrocken bist ... Sieh dir all das noch einmal an und zeichne im Geist ein leuchtendes Sonnenstrahlenkreuz über das Bild oder den Gedanken. So weiß der Gedanke, dass nun alles gut ist. Leg ihn dann mit einem Lächeln in den großen Koffer. Neben dir steht dein Engel und freut sich über alles, was du in den Koffer legst. Denn er ist besonders glücklich, wenn du es auch bist, und er sieht, dass dir mit allem, was du in den Koffer legst, leichter ums Herz wird. Immer wenn du wieder auf die angstvollen Momente im Koffer blickst, dann musst du lächeln, weil du nun sehen kannst, dass dein Engel immer bei dir war und es viele Male ganz unnötig war, Angst zu haben. Im Koffer sind nun einige Gedanken und viele Sonnenstrahlen, die auf die Gedanken leuchtende Kreuzchen malen.

Schau deinen Engel ruhig an und sage ihm, dass du ihm das nächste Mal, wenn du wieder in eine solche Situation kommst, vertrauen möchtest und dass er dir die nötige Zeit geben soll, falls du es nicht beim ersten oder beim zweiten Mal kannst. Doch du willst es, denn du weißt ja nun, dass du Angst nur noch brauchst, um vor wirklich gefährlichen Dingen gewarnt zu werden. Wie zum Beispiel beim Überqueren einer Straße, da darf die Angst als Lehrer schon kommen, denn dann wartet man ab, bis der sicherste Moment kommt zum Überqueren der Straße – da ist die Angst dann ein wirklich guter Lehrer, der einen lehrt, vorsichtig zu sein. Vielleicht fallen dir noch andere Beispiele ein, die du gerne mit einem Freund oder einem Erwachsenen besprechen möchtest ... Aber erst dann, wenn diese »Mach-mit-Meditation« zu Ende ist. Denn erst schließen wir in Gedanken noch den Koffer ...

Dein Engel ist stolz auf dich, und du kannst sehen, wie er dir den Koffer gerne abnimmt, um ihn ins große Lichtermeer zu tragen. Dort wird der Koffer ganz hell, und über einen goldenen Wasserfall verschwindet er dann im Glanz des leuchtenden Meeres. Aus all der Angst, die du jemals hattest, ist nun ein leuchtendes Lächeln geworden, das irgendwo im Meer als Funkeln zu sehen ist. Wenn du möchtest, kannst du dich nun bei deinem Engel bedanken – dafür, dass er immer bei dir ist und auf dich achtet. Und auch dem Lehrer Angst kannst du danke sagen für all die Dinge, die er dich bis jetzt gelehrt hat. Sag ruhig zu ihm: »Lehrer Angst, jetzt kann ich deine Arbeit besser verstehen.«

Werde nun langsam wieder ganz wach und ... strecke und spüre dich. Jeden Finger, jeden Zeh. Sag ein lautes Ohhhh und sag ein lautes Ehhhhhhhh. Kneife die Augen fest zusammen und dann reiße sie ganz weit auf. Klatsche in die Hände und stampfe mit den Füßen auf dem Fußboden auf.

Nun sind Ängste keine Feinde mehr – du kannst sie mit einem Lächeln wieder nach Hause schicken, es sei denn, sie kommen als Lehrer zu dir!

$\mathcal{L}$ieber Engel,
Angst wird man in deiner Welt wohl nicht kennen.
Nicht umsonst wird man sie das »Reich der Liebe« nennen.
Doch mir macht hier die Angst manchmal das Leben schwer.
Jetzt dachte ich, ich bitte dich und ganz viele lichtvolle Engel her.
Hüllt mich ein in das helle Licht und lasst es strahlen.
Ich helfe mit und werde mir ein sonniges Lächeln
ins Herz hinein malen.
Die Angst darf mir nur ein guter Lehrer sein,
doch niemals darf sie in mein Herz hinein –
denn da bist du, mein Engel.
Danke!

*L*ieber Gott,
wenn ich Angst habe, dann lächle ich meine Gedanken einfach an,
dann weiß der Gedanke, dass alles gut ist und er wieder gehen kann.
Dann lächle ich weiter in mein Herz hinein,
so strahlt in mir der hellste Sonnenschein.
Auch meine Arme und Beine strahlen wie der hellste Stern.
Von Kopf bis Fuß kann ich es sehen –
in diesem Strahlen kann die Angst vergehen.
Es ist so schön – ich strahle gern!

*M*ein Engel hat …
goldene Haare aus Sonnenstrahlen,
blaue Augen, die den ganzen Himmel bemalen,
einen lachenden Mund, wie eine Rose so schön,
und einen Mantel zum Schutz, unter dem darf ich jeden Tag steh'n.
Dort sieht er auf mich – ich bin niemals allein.
Selbst Wichtelangst wird unter seinem Mantel bald reine Liebe sein.

*M*eine Gedanken sollen rein
wie deine Engelsflügel sein.
Ich bitte meinen Engel, alles zu lenken,
mein Handeln und mein Denken.
Ich bitte ihn, mir dabei zu helfen zu verstehen,
wann Angst als Lehrer wichtig ist
und wann die Angst als frecher Wicht da ist –
denn er soll wieder gehen.
Danke Engel, ich hab dich gern –
denn dein Licht hält Wichtelängste fern.

Engel, der du bist an meiner Seite,
kann ich dich auch grad nicht seh'n,
spann deine Flügel in ganzer Breite,
ich möcht gern dort druntersteh'n.
In deinem wunderbaren Schutz geborgen,
da kann ich mir ganz sicher sein,
dass du nimmst jetzt all meine Sorgen
und wäschst sie in dem Lichte rein.
Zur Lösung, die daraus entstehe,
führt mich der Weg, den ich jetzt gehe!
Voll Vertrauen kann ich nun weitergeh'n
und in eine schöne Zukunft seh'n!

Wie Luna nach einem Streit um Verzeihung bittet

Verzeihen ist manchmal schwer, doch ist es so wichtig, denn wenn wir jemandem nicht verzeihen, dann tragen wir den Ärger mit uns. Verzeihen ist daher wichtig für ein frohes, leichtes Leben ... Verzeihe allem und jedem von ganzem Herzen – so wie du dir wünschst, dass die anderen dir verzeihen. Und verzeihe auch dir selbst für deine kleinen und großen Fehler. Fürs Verzeihen werden die Engel dir unsichtbare Orden verleihen! :-)

Nach einem Streit geht es meistens allen Beteiligten nicht so gut, aber derjenige, der um das Licht in seinem Herzen weiß, der kann für alle um Frieden und Liebe bitten. So beruhigen sich alle, die gestritten haben. Ich liebe es zu verzeihen! Und mein Engel erst – du solltest ihn mal sehen, wie er sich freut, wenn ich eines meiner Verzeihensgebete zu ihm spreche – er strahlt nur so vor Freude darüber!

Ich hoffe, meine »Mach-mit-Meditation« und meine Gebete machen dir die Versöhnung ab jetzt leichter ...

Deine Luna

»*M*ach-mit-Meditation« – und sieh, was man mit geschlossenen Augen alles erleben kann ...

*S*chließe die Augen und werde ganz ruhig – so ruhig, dass du deinen Atem hören kannst.

So ruhig, als würde dein Lieblingstier in deinen Armen schlummern und du möchtest es nicht wecken. Atme dabei ganz ruhig und tief in deinen Bauch, und ebenso ruhig und tief atmest du wieder aus. Fühle, wie sehr du das Tierchen liebst, das ganz nah an deinem Herzen schlummert. Atme in diesem schönen Gefühl tief ein und noch tiefer aus. Stell dir vor, wie froh und glücklich du bist, das geliebte Tierchen so nah bei dir an deinem Herzen zu haben, und sag dem schlafenden Tierchen in Gedanken, wie sehr du es liebst!

Wenn wir in diesem schönen, leichten Gefühl sind, können wir allem und jedem verzeihen. Doch erst einmal sollten wir uns in Gedanken vorstellen, wie wir uns selbst in die Arme nehmen und dabei erkennen, wie sich Verzeihen anfühlt ... Wir drücken uns selbst einmal fest und denken dabei: »Ich verzeihe dir – ganz egal, was du getan hast!« Egal, ob wir einen Streit angefangen haben oder sonst etwas getan haben – wir verzeihen uns, denn es soll ein leichtes Gefühl in uns sein ... Ein Gefühl von Ärger oder Wut hat in unserem schönen, mutigen und kraftvollen Herzen gerade keinen Platz.

Nun stellen wir uns den Menschen vor, dem wir verzeihen möchten oder den wir um Verzeihung bitten wollen. Es mag sich ungewohnt anfühlen, gerade dann wenn der Streit noch nicht so lange her ist, doch für dein Herz und das Herz des anderen Menschen gibt es kein schöneres Geschenk, als zu verzeihen. Wenn wir immer wieder üben, uns und allen anderen zu verzeihen, und uns vorstellen, wie auch die anderen uns verzeihen, dann werden wir ein glückliches Löwenherz haben und damit auch ein glückliches Leben.

Lass dir ruhig Zeit und sag in Gedanken alles, was du sagen möchtest. Du kannst den Menschen in Gedanken auch erst ausschimpfen, bevor du ihm dann verzeihst. Und sollte es beim ersten Mal nicht so einfach sein, dann versuch es einfach ein anderes Mal wieder ... Gib nicht auf, denn schon viele Menschen haben etwas wirklich Gutes erst beim hundertsten Versuch geschafft ... Wenn du so weit bist und dir leicht ums Herz ist, dann verabschiede dich von deinem Engel, der dir die ganze Zeit den Rücken gestärkt hat. Er wird immer bei dir sein.

Werde nun langsam wieder ganz wach und ... strecke und spüre dich. Jeden Finger, jeden Zeh. Sag ein lautes Ohhhh und sag ein lautes Ehhhhhhhh. Kneife die Augen fest zusammen und dann reiße sie ganz weit auf. Klatsche in die Hände und stampfe mit den Füßen auf dem Fußboden auf.

Nun bist du auf dem besten Weg, wie ein großer weißer Löwe zu sein … Ein weißer Löwe ist klug und mutig – und es ist sehr klug und mutig, sich und anderen Menschen zu verzeihen.

*L*ieber Gott,
mit schwerem Herzen komme ich zu dir,
denn egal, was war, ich weiß, du hilfst mir.
Ich möchte jemanden um Verzeihung bitten,
denn ich habe mit einem lieben Menschen gestritten.
Hilf mir, alles wieder gut zu machen
und bald schon mit dem lieben Menschen wieder fröhlich zu lachen.
Unsere Herzen sollen wieder leicht und fröhlich sein,
dazu lade ich dich und den Engel des Friedens ein.
Danke!

Lieber Engel,
wie du immer froh zu sein,
andere zu lieben
und ihnen zu verzeihen,
das möcht ich gerne auch!
Und weil ich deine Hilfe dazu brauch,
lad ich dich jetzt ein –
bitte hilf mir, froh wie du zu sein,
zu lieben und zu verzeihen.
Danke!

*L*ieber Jesus,
mein bester Freund, der willst du gerne sein,
ich lass dich in mein Herz hinein.
Du willst mir helfen, auch in den kleinsten Dingen,
hilfst, den Frieden zurück in mein Leben zu bringen.
Gerne nehme ich deine Hilfe an,
weil ich ohne dich all dies nicht kann.
Darum sag ich dir – und alle Menschen sollen es hören:
»Ich verzeihe mir und allen anderen, weil wir zusammengehören!«

*E*ngel an meiner Seite,
hilf mir, mir selbst und den anderen zu verzeihen.
Wir sollen alle wieder Freunde sein!
Danke!

Lieber Engel,
hast du das gesehen,
wie konnte nur so ein Streit geschehen?
Hilf raus mir aus Gräuel, aus Ärger und Wut,
denn diese Genossen, die tun mir nicht gut.
Hilf mir zu verzeihen,
gib mir bitte Mut und Kraft,
schon wird es mir leichter ...
gleich hab ich`s geschafft.
Danke!

*L*ieber Engel,
du siehst doch in mein Herz hinein,
kannst sehen, wie ich mich bemühe.
Stets gut und artig will ich sein,
ich geb mir wirklich Mühe.
Drum bitt ich dich, oh Engel, darum,
dass du mir hilfst, ein gutes Kind zu sein.
Damit das Licht in meinem Herzen hell leuchtet
und wie deines ist – genauso rein.

*W*enn andere streiten und unrecht mir tun,
lass mein Herz und mein Denken in deiner Hand ruh'n.
Je mehr ich in deiner Liebe bleibe,
umso schneller ich den Streit vertreibe.
Gib mir die Kraft, alles friedlich durchzusteh'n
und so mit dir den rechten Weg zu geh'n.
Danke!

$\mathcal{W}$ie Luna für eine gute Reise betet

$\mathcal{J}$ch verreise so gern! Ich finde es so spannend, wenn wir alle packen. Überhaupt ist die Stimmung vor einer Urlaubsreise immer eine ganz besondere. Irgendwie geheimnisvoll!

Da nehme ich mir dann ein paar Minuten Zeit, um meinen Engel einzuladen, unser Reiseführer zu sein, denn Engel kennen alle Wege, alle Gefahren und überhaupt alles. Eigentlich bin ich ein kleiner Feigling, und ich hatte auch vor dem Fliegen Angst. Doch seit ich weiß, dass ich meinen Engel nur beauftragen muss, nach dem Rechten zu sehen und mich den sichersten Weg entlangzuführen, fühle ich mich beschützt! Ich brauche mich, so wie ich es am Morgen tue, nur noch darauf zu freuen, was ich wohl alles Schönes erleben werde im Urlaub – mit dem Rest beauftrage ich meinen Engel. Er kümmert sich gerne darum – weil ich ihm vertraue! Schon oft hat er mir die schönsten Urlaube bereitet – ich habe auf meinen Reisen schon viel mit meinem Engelreiseführer gelacht!

Hier wieder meine Gebete und eine »Mach-mit-Meditation« für dich – damit auch dein Urlaub von deinem Engel geführt ist!

Deine Luna

»*M*ach-mit-Meditation« – und sieh, was man mit geschlossenen Augen alles erleben kann …

*S*chließe die Augen und werde ganz ruhig – so ruhig, dass du deinen Atem hören kannst.

So ruhig, als würde dein Lieblingstier in deinen Armen schlummern und du möchtest es nicht wecken. Atme dabei ganz ruhig und tief in deinen Bauch, und ebenso ruhig und tief atmest du wieder aus. Fühle, wie sehr du das Tierchen liebst, das ganz nah an deinem Herzen schlummert. Atme in diesem schönen Gefühl tief ein und noch tiefer aus. Stell dir vor, wie froh und glücklich du bist, das geliebte Tierchen so nah bei dir an deinem Herzen zu haben, und sag dem schlafenden Tierchen in Gedanken, wie sehr du es liebst! Es kann dir dabei ganz warm ums Herz werden. Alles Schöne und Warme, das du dabei fühlst, ist bereits ein Gruß deines Engels. Denn schöne Gefühle kommen immer aus der Engelwelt. Genieße es. Atme wieder tief in deinen Bauch ein und tief aus …

Bleib in diesem schönen Gefühl und stell dir die Reise vor, die vor dir liegt. Was mag wohl alles Schönes auf dich warten …? Wenn du möchtest, kannst du in Gedanken mit deiner Reise sprechen ... Sag ihr, wie sehr du dich auf sie freust ... Lächle einfach jeden Gedanken an, der mit der Reise zu tun hat. Vielleicht fliegst du? Dann lächle das Flugzeug an. Vielleicht fährst du mit dem Schiff? Dann lächle das Schiff an. Oder vielleicht fährst du mit dem Auto oder der Bahn? Dann lächle diese an. Lass dir ruhig Zeit dabei.

Wenn du so weit bist, stellst du dir vor, wie du und alle deine Lieben schon jetzt von dem Urlaub erzählen. Du kannst schon hören, wie schön der Urlaub war und was jeder so erlebt hat ... Vielleicht siehst du auch, dass jemand schon auf euch wartet vor deiner Haustür, und er freut sich, dass ihr wieder zu Hause seid. Was auch immer du dir Schönes vorstellst, dein Engel ist stets an deiner Seite – und die ganze Reise über ist und war er es auch. Nun kannst du dich dafür bei ihm bedanken.

Nimm dir ruhig so viel Zeit, wie du brauchst, um deinen Engelfreund in den Arm zu nehmen und ihm zu danken. Engel lieben es, umarmt zu werden ... Wenn du dich wieder aus der Umarmung deines Engels lösen möchtest, dann verabschiede dich von ihm ... und wisse, dass er immer an deiner Seite ist ... Keinen Schritt machst du ohne ihn!

Und dann ... wirst du langsam wieder ganz wach und ... streckst und spürst dich. Jeden Finger, jeden Zeh. Sag ein lautes Ohhhh und sag ein lautes Ehhhhhhhh. Kneife die Augen fest zusammen und dann reiße sie ganz weit auf. Klatsche in die Hände und stampfe mit den Füßen auf dem Fußboden auf.

Und? Wann ist es denn so weit? Die Reise kann jetzt losgehen, dein Engel freut sich schon und ist bereit!

$\mathcal{L}$ieber Engel,
du kannst höher und schneller als jedes Flugzeug fliegen.
Du bist so stark, kannst jeden Löwen der Welt besiegen.
Du siehst so weit,
kannst alle Schiffe des Meeres und Autos auf den Straßen sehen.
Dein Kleid ist so unendlich breit – egal, in welchem Land ich bin,
ich werde immer darunter stehen.
Und weil ich weiß, es wird mir viel nützen,
lade ich dich ein, meine Lieben und mich in diesem Urlaub
zu beschützen.
Danke!

*D*en Engel, der fürs Reisen ist bestimmt,
den lad ich ein, mit uns zu sein.
Dass an der Hand er uns fest nimmt
und keinen Schritt wir gehen allein.
Dass den Weg, der für uns am besten,
wir gehen müssen, weil der Engel uns so lenkt,
und dass wir nur all das testen,
was uns mit Freud und Glück beschenkt.
Dass jeder Mensch, der uns begegnet
auf dieser Reise, Segen ist,
und dass es nur Momente regnet,
so wunderschön, dass man sie nie vergisst.
All das leg ich dir in deine göttliche Hand,
sie reicht in jedes ferne Land.
Danke, Engel!

*I*ch werde auf eine Reise gehen,
was anderes von der Erde sehen.
Alle lichtvollen Engel lade ich dazu ein,
sollen stets an meiner Seite sein!

*L*ieber Engel,
von ganzem Herzen schicke ich dir eine Bitte:
Beschütze alle meine Schritte.
Führe mich an der Hand,
egal, wo ich bin – immer und in jedem Land!
Danke!

$\mathcal{W}$ie Luna um Hilfe bittet

$\mathcal{G}$ ott oder unser Schutzengel sind immer für uns da, nur warten sie in jeder Situation, dass wir sie einladen und um ihre Hilfe bitten. Wenn es mir nicht gut geht oder selbst wenn ich mal etwas nicht finden kann, so hilft oft eine kleine Bitte um himmlische Hilfe – und fast sofort kommt mir ein Gedanke in den Sinn, durch den ich fündig werde. Dasselbe mache ich, wenn ich meinen Engel in der Schule brauche. Es gibt so vieles, um was wir die Engel bitten können. In jeder Angelegenheit sind sie die besten Helfer – und für uns da! Selbst wenn es mir mal nicht so gut geht – was ja bei jedem Menschen einmal vorkommt –, dann bitte ich um himmlische Hilfe.

Ob es also um kleine oder große Bitten, um Bitten zur Erfüllung besonderer Wünsche oder um alltägliche Hilfen und Unterstützung geht, wenn wir die Himmelswelt um ihre Hilfe anrufen, können wir uns sicher sein, dass wir mit unseren himmlischen Helfern die größte Unterstützung haben, die es gibt! Glauben und

Vertrauen müssen wir denen da oben aber schon ... Das ist der Schlüssel zur Himmelswelt! Ein wunderschöner Satz meiner Mutter: »Glauben lernen ist das Schwerste, doch als Voraussetzung das Erste! So ist es!« Ja, glauben und dann vertrauen. Das ist es, was bei den Engeln zählt! Probiere es einfach aus – ich bin mir sicher, du wirst die himmlischen Helfer lieben! Vielleicht hilft dir dabei auch die Meditationsreise oder eines meiner Gebete!

Deine Luna

»Mach-mit-Meditation« – und sieh, was man mit geschlossenen Augen alles erleben kann ...

Schließe die Augen und werde ganz ruhig – so ruhig, dass du deinen Atem hören kannst.

So ruhig, als würde dein Lieblingstier in deinen Armen schlummern und du möchtest es nicht wecken. Atme dabei ganz ruhig und tief in deinen Bauch, und ebenso ruhig und tief atmest du wieder aus. Fühle, wie sehr du das Tierchen liebst, das ganz nah an deinem Herzen schlummert. Atme in diesem schönen Gefühl tief ein und noch tiefer aus. Stell dir vor, wie froh und glücklich du bist, das geliebte Tierchen so nah bei dir an deinem Herzen zu haben, und sag dem schlafenden Tierchen in Gedanken, wie sehr du es liebst! Es kann dir dabei ganz warm ums Herz werden. Alles Schöne und Warme, das du dabei fühlst, ist bereits ein Gruß deines Engels. Denn schöne Gefühle kommen immer aus der Engelwelt. Genieße es. Atme wieder tief in deinen Bauch ein und tief aus ...

Dann stell dir ein Schloss vor, es ist groß und schön. Eine goldene Treppe mit samtweichen Stufen bringt dich Schritt für Schritt näher an das Zauberschloss. Die Türen, die du langsam öffnest, sind aus Kristallen und funkeln im Sonnenlicht. Tritt nur ein, in diesem Schloss wohnen die Engel, die deine Bitten und Wünsche erfüllen. Beim Öffnen der Türen erklingt Musik, und die Musik gibt dir das Gefühl, dass alles gut ist.

Nun stehst du in einem hellen Zimmer, hörst immer noch die schöne Musik und überlegst dir langsam, was denn deine Bitte oder dein Wunsch ist. Lass dir ruhig Zeit dabei, es eilt nicht. Du hast alle Zeit der Welt. Wenn du so weit bist, rufst du deinen Engel herbei. Rufe ihn so, als würdest du einen Freund rufen – er wird da sein! Sieh nur, wie dein Engel auf dich zukommt und dich fragt, was er für dich tun kann ... Erleichtert, dass er dich das fragt, nennst du ihm deine Bitten. Dein Engel, der einen Zettel und einen goldenen Stift dabei hat, notiert jedes Wort von dir genau. Immer wieder sieht er dich an und fragt, ob das alles ist. Wenn du ihm alles gesagt hast, dann sage: »Danke Engel, ich habe alles gesagt.« Bedanke dich bei deinem Engel, der die Bitten angenommen hat, und verabschiede dich freundlich von ihm. Nun kannst du in dem hellen Raum noch einmal ganz froh und laut jubeln und vor Freude springen ... denn du weißt nun, dass deine Bitten im Schloss der Erfüllung bearbeitet werden.

Du gehst zurück zur Tür aus Kristall und kannst beim Hinausgehen noch eine liebevolle Engelstimme hören, die sagt:

»Zur rechten Zeit ist deine Bestellung zum Ausliefern bereit. Wenn du nicht genau das bekommst, um was du gebeten hast, dann wirst du etwas bekommen, das noch besser ist.« Und du lächelst und gehst zufrieden die goldene samtweiche Treppe hinunter. Atme noch einmal tief ein und noch tiefer wieder aus – du bist froh, in dem Schloss gewesen zu sein, in dem alles möglich ist. Alles, was gut für dich ist, das kann das Schloss der Wünsche dir bescheren.

Und dann … wirst du langsam wieder ganz wach und … streckst und spürst dich. Jeden Finger, jeden Zeh. Sag ein lautes Ohhhh und sag ein lautes Ehhhhhhhh. Kneife die Augen fest zusammen und dann reiße sie ganz weit auf. Klatsche in die Hände und stampfe mit den Füßen auf dem Fußboden auf.

Nun musst du nicht mehr an deine Wünsche denken, denn zur richtigen Zeit wird man sie dir aus heiterem Himmel schenken – oder etwas Besseres!

Lieber Engel,
so wie ein Ballon, der zum Himmel fliegt,
will ich dir meine Bitte senden.
Und hast du meine Nachricht dann gekriegt,
so wird sich alles bald zum Guten wenden.
Denn das ist es, was mir am Herzen liegt,
und darum sehe ich meiner Bitte nach,
wie sie schnurstracks zu dir in den Himmel fliegt.
Wenn du sie hast, dann fang bitte gleich mit der Erfüllung an,
weil ich es kaum noch erwarten kann.
Danke!

*L*iebe lichtvolle himmlische Welt,
gerade habe ich etwas bei euch bestellt.
Ich weiß, ihr habt sehr viel zu tun,
doch weiß ich auch, dass ihr nicht schlafen müsst wie wir,
dass ihr immer bei uns seid, ohne je auszuruh'n.
Ganz geduldig möcht ich warten, bis ich Hilfe bekomm',
und ich verspreche, ich bin bis dahin auch besonders lieb und fromm.

*L*ieber Engel,
jetzt, wo ich nicht mehr weiterweiß,
will ich dich um deine Hilfe bitten.
Ich weiß, du magst mir gerne helfen,
denn so sind die himmlischen Sitten.
Darum rufe ich dich – Engel, ich brauche dich!

$\mathcal{L}$ieber Engel,
ich bitte dich um deine Hilfe,
du kannst doch immer alles seh'n.
Und wenn ich mal etwas nicht verstehe,
so weiß ich – du kannst es gewiss versteh'n.
Ich bitte dich um deine Hilfe,
denn mit dir zusammen kann ich viel erreichen.
So schön ist es, denn ich weiß, du bist bei mir,
alle Ängste und Zweifel müssen weichen.
So werd ich jetzt auf dich vertrauen,
auf deine Hilfe felsenfest bauen.
Sag danke dir, weil du mich liebst,
und danke für die Hilfe, die du mir sicher gibst.

*W*enn ein Stein ins Wasser fällt,
geht er einfach unter.
Wenn ihn meine Hand nicht hält,
fliegt er einfach runter.
Doch wenn man ihn hält,
dann wird man sehen,
dem Stein wird nichts geschehen.
So soll auch ich gehalten sein
von Gottes guter Hand allein.

*L*ieber Gott,
mach mich wieder ganz gesund,
so dass ich wieder fröhlich toben und spielen kann.
Immer nur Tee in meinem Mund –
langsam fängt der Wunsch nach meiner Lieblingsspeise an.
Ich weiß, dass du der allerbeste Arzt und noch dazu der liebste bist.
Ich weiß, dass mir zu helfen für dich ein Kinderspielchen ist.
Drum möcht ich dich lieb rufen,
lieber, guter Himmelsvater, hilf geschwind,
dass alle Last und Schmerzen ganz schnell
in deinem Licht verwandelt sind.
Danke!

$\mathcal{L}$ieber Gott,
bitte leg dein Hand in meine,
und dann lass uns die Hände auf die Stelle meines Körpers legen,
die schmerzt, denn sie braucht dringend deinen Segen.
Und lass deine Hände bitte so lange dort,
bis die Schmerzen sind fort.
Danke, lieber Gott!

$\mathcal{L}$ieber Gott,
so wie die Sonne den Boden trocknet nach dem Regen,
so wirst du mir nach Krankheit meine Gesundheit wiedergeben.
Ich will dir dabei fest vertrauen
und in meinen Gedanken auf eine gesunde Zukunft schauen.
Danke!

$\mathcal{L}$ieber Engel,
ich brauch dich grade sehr,
hol ganz viele Engel und kommt zu mir her.
Dass mein Problem in eurer Mitte
sich schnell auflöst, das ist meine Bitte.
Lasst Frieden und Heilung mit aller Kraft
nun in mich fließen –
ich vertrau drauf, dass ihr das schafft.

$\mathcal{L}$ichtvolle Engelwelt,
ich lade euch alle ein.
Helft mir bitte,
denn schwer nur schaff ich es allein.

*O*h, mein Engel,
ich bitte dich bei einer ganz verzwickten Sache,
ich weiß noch nicht genau, wie ich es mache.
Hast du einen Rat für mich – so gib ihn mir – ich brauche dich!

*L*ieber Engel,
mir steht ein Test bevor,
und deine Hilfe brauch ich sehr.
Mein Engel, öffne mir mein Ohr,
dass ich ein jedes Wort von dir gut hör.
Weil ich mich vorbereitet hab
und du an meiner Seite bist,
geb ich dir meine Ängste ab
und bin mir deiner Hilf gewiss.
Danke!

$\mathcal{L}$ieber Gott,
lass mich so flink sein wie ein Hase,
wenn ich beim Spielen in der Wiese rase.
Doch pass auch ganz gut darauf auf,
dass ich nur auf sicheren Wegen lauf.
Danke!

$\mathcal{L}$ieber Gott,
hilf mir heute, alles recht zu machen.
Hilf mir, alles richtig zu verstehen.
Hilf mir bitte, heute aufzupassen
und alles Wichtige rechtzeitig zu sehen.
Danke!

101

$\mathcal{W}$ie Luna für andere Menschen und Länder betet

$\mathcal{W}$enn es anderen Menschen nicht gut geht, schicke ich ihnen einen ganz besonderen Engel. Es ist der Engel der Heilung und der Liebe. Das hilft – auch wenn die Menschen selbst nicht an Engel glauben, denn dann glaube ich für sie und stelle mir vor, dass es ihnen wieder gut geht! So können die Engel damit beginnen, alles zur Heilung vorzubereiten. Es ist auch ein besonders schönes Geschenk, wenn ich einen grünen Lichtstrahl, den auch der Engel der Heilung trägt, an die Orte oder zu den Menschen sende, die Hilfe brauchen – so kann man in vielen Situationen helfen.

Ich bitte auch gerne für die Menschen in den Ländern, in denen die Naturkatastrophen vielen noch das Leben schwer machen. Ich stelle mir vor, wie alle glücklich und gesund sind – und vor allem, dass sie genug zu essen haben! Wenn nur viele Menschen glückliche Gedanken und frohe Farbstrahlen in diese Länder schicken würden, dann könnte den Menschen dort damit geholfen werden. Aber du und ich, wir sind ja schon zwei … Und ich vertraue drauf, dass es noch viel mehr werden, die jeden Tag für die Menschen beten, die unsere Gebete brauchen. Gemeinsam schaffen wir das!

Deine Luna

»*M*ach-mit-Meditation« – und sieh, was man mit geschlossenen Augen alles erleben kann ...

*S*chließe die Augen und werde ganz ruhig – so ruhig, dass du deinen Atem hören kannst.

So ruhig, als würde dein Lieblingstier in deinen Armen schlummern und du möchtest es nicht wecken. Atme dabei ganz ruhig und tief in deinen Bauch, und ebenso ruhig und tief atmest du wieder aus. Fühle, wie sehr du das Tierchen liebst, das ganz nah an deinem Herzen schlummert. Atme in diesem schönen Gefühl tief ein und noch tiefer aus. Stell dir vor, wie froh und glücklich du bist, das geliebte Tierchen so nah bei dir an deinem Herzen zu haben, und sag dem schlafenden Tierchen in Gedanken, wie sehr du es liebst! Es kann dir dabei ganz warm ums Herz werden. Alles Schöne und Warme, das du dabei fühlst, ist bereits ein Gruß deines Engels. Denn schöne Gefühle kommen immer aus der Engelwelt. Genieße es. Atme wieder tief in deinen Bauch ein und tief aus ...

In diesem schönen Gefühl, das man auch Liebe nennen kann, denken wir an die Menschen oder die Länder, für die wir um Heilung bitten. Stell dir nun eine Farbe vor, die dein schönes Gefühl hat … Und wenn du die Farbe siehst, dann stell dir vor, wie der Mensch oder die Menschen in diese Farbe gehüllt werden wie in eine warme Decke, die sie brauchen, um nicht zu frieren. Sag deinem Engel, der ganz nah an deiner Seite steht, dass er darauf achten soll, dass du selbst so viel von der Farbe bei dir behältst, wie du brauchst, um glücklich und gesund zu sein, und dass der andere Mensch oder die Menschen den Teil von deiner schönen Gefühlsfarbe haben können, den du gut abgeben kannst. Dein Engel wird bestimmt vor Freude über deine Hilfe strahlen.

Dann bitte deinen Engel, dich an die Quelle zu führen, wo all die Farbe herkommt. Denn dann kannst du immer von dort für andere bitten und deine schönsten Farben auch immer wieder auffüllen. Dein Engel führt dich auf einem sehr schönen Weg an diesen Ort. Ihr geht über grüne Wiesen, vorbei an Bergen, Bächen und Seen, und schließlich kommt ihr an der wohl leuchtendsten und buntesten Zauberquelle an. Sieh dich ruhig erst einmal um. Wenn du so weit bist, kannst du deinem Engel sagen, dass er die Farbe der Heilung und der Liebe zu jenen Menschen senden möge, an die du gerade denkst. Lass dir Zeit dabei und beobachte, wie die Farbe in den Himmel steigt und von dort ihren Weg zu dem Ort findet, an den du sie sendest. Dann bedankst du dich bei der schönen Zauberfarbenquelle und atmest noch einmal tief die Farbe ein, die du gerade am liebsten hast.

Nach diesem tiefen Atemzug fühlst du dich wie neugeboren und bärenstark. Lächle das Tierchen an, das auf deiner Brust schläft. Und dann … wirst du langsam wieder ganz wach und … streckst und spürst dich. Jeden Finger, jeden Zeh. Sag ein lautes Ohhhh und sag ein lautes Ehhhhhhhh. Kneife die Augen fest zusammen und dann reiße sie ganz weit auf. Klatsche in die Hände und stampfe mit den Füßen auf dem Fußboden auf.

Nun kennst du den Regenbogenfarbenzauberort – und mit nur einem Gedanken bist du, wann immer du es brauchst, wieder dort.

Lieber Engel,
für alle Menschen, die einsam sind,
für jedes traurige oder arme Kind,
für Menschen, die hungern oder die frieren,
für alle, die keine Liebe spüren –
sei, lieber Engel, bei allen zugleich.
Denn dann sind sie nicht mehr arm,
dann sind sie an Engeln reich!

*I*ch bitte alle Engelscharen,
dass sie die Welt vor Not bewahren.
Dass, wenn die Erde bebt und die Vulkane speien,
sie, die Engel, immer bei uns seien.
Dass jedes noch so kleine Leben sie mit dem
Schutz des Lichts umgeben.
Dass sie uns Haus und Hof beschützen und
auch die Armen unterstützen.
Dass überall auf dieser Welt es gut ums Essen ist bestellt.
Dass alle wissen: Gott ist hier –
bei dir, bei euch und auch bei mir.

*L*ieber Engel,
für alle Kinder dieser Welt,
die jetzt gerade was zu essen brauchen,
bei dir sei jetzt für sie bestellt,
Suppe und Brot, um einzutauchen.
Weit auf den Mund – und hops hinein,
gesättigt soll das liebe Kindlein sein!

*L*ieber Engel,
könntest du in dem Land, wo die Elefanten leben,
den hungrigen Kindern etwas zu essen geben?
Und dass du dort in der Wüste, wo die Sonne so heiß ist,
den Menschen Wasser zu geben nicht vergisst.
Auch könntest du noch schauen, dass sie alles haben, was sie
brauchen, um gute Häuser zu bauen.
Und wenn du unterwegs noch jemanden siehst, der Hilfe brauch',
dann hilf bitte demjenigen auch.
Danke.

*L*ieber, guter Gott,
ich danke dir für alles, was ich habe,
dafür, dass mich vieles glücklich macht.
Ich bitte dich auch heute um eine Gabe,
die du mir schon so oft hast gebracht:
Lass mich Menschen glücklich machen,
ob ich sie kenne oder nicht.
Lass mich heute fröhlich lachen,
so gerne zaubere ich anderen ein Lächeln ins Gesicht!
Danke!

*L*ieber, guter Gott,
beruhige die Menschen, die sich immer Sorgen machen.
Hilf ihnen, wieder glücklich zu sein.
Schicke ihnen viele Dinge, über die sie sich freuen und lachen.
Gib ihnen ein Leben voller Sonnenschein!

*F*ür einen lieben Menschen, der grad selbst nicht kann,
bring ich heut eine Herzensbitte an.
Hör du, Engel der Heilung, sende ihm/ihr dein Licht,
denn ohne göttliche Hilfe geht es nun nicht.
Danke!

*L*ieber Gott,
ich bitte für alle Menschen,
die nicht versteh'n,
dass du immer bei uns bist,
auch wenn wir dich nicht seh'n.
Bitte mach, dass sie an dich glauben können,
hilf ihnen, dich in jeder Blume zu sehen.
Damit sie nicht mehr blind durchs Leben rennen,
sondern so wie ich mit dir durchs Leben gehen.

*L*ieber Engel,
ich danke dir, dass meine Eltern Arbeit haben,
denn so ist unser Tisch immer gedeckt mit guten Gaben.
Ich bitte dich, dass Menschen, die Arbeit suchen,
auch welche kriegen
und so endlich ihre Not besiegen.

*L*ieber Gott,
wenn ich schöne Lieder singe,
wenn ich spiele, hüpfe, springe,
dann wünsch ich, es sollen alle Menschen so glücklich
und fröhlich sein.
Bitte, lieber Gott, das wäre fein.

Jeden Tag will ich auch an die Menschen denken,
die noch nicht so glücklich sind.
Mögest du, lieber Gott, sie mit Glück beschenken,
egal, wo sie auch sind.
Damit ihre Augen wieder vor Freude strahlen
und man sie froh und heiter lachen hört.
In Gedanken kann ich mir schon ausmalen,
wie sie Gott dafür danken, dass das Glück wiederkehrt.

Lieber Gott,
hilf allen Menschen, die in Not.
Gib ihnen Schutz, zu trinken und Brot.
Mach dem Krieg in allen Ländern ein Ende.
Nimm du ab jetzt alles in deine schützenden Hände.

$\mathcal{W}$ie Luna für Frieden, Gerechtigkeit und Segen für die Erde betet

$\mathcal{W}$ie schön wäre die Welt, wenn alle Menschen in Frieden leben würden – und wenn unsere schöne Erde von allen Menschen gut behandelt würde. Auch finde ich es von den Erwachsenen, die Kriege führen, einfach nicht klug, dass sie der Meinung sind, mit Krieg könne einer wirklich gewinnen. Sie müssen doch wissen, dass man nur Frieden haben kann, wenn jeder anfängt, friedlich zu sein. Ich fange an! Ich bin ab jetzt friedvoll, und ich würde mich freuen, wenn du mitmachst und es auch bist, so sind wir schon zwei ... Und es werden immer mehr – bis die ganze Welt friedvoll ist! Das wird ein Fest voller Frieden und Gerechtigkeit!

Hast du dich denn schon einmal gefragt, was Gerechtigkeit bedeutet? Also ich schon. Das hab ich meinen Engel mal gefragt ... Er sagt, jeder Mensch hat ein Gewissen, und wenn wir ungerecht sind, haben wir ein schlechtes Gewissen. Das ist ein nicht so schönes Gefühl. Wenn wir jedoch gerecht sind, haben wir ein reines Gewissen – also ein leichtes, schönes Gefühl. So kann ich selbst sehen, ob ich richtig handele. Darum wundere ich mich, dass es immer noch Menschen gibt, die es gar nicht stört, ein schlechtes Gewissen zu haben, oder die, wie mein Engel sagt, nicht auf ihr Gewissen achten. Und für diese Menschen müssen wir ganz dringend beten! Sie sollen die Gerechtigkeit und die Liebe für den Frieden in sich spüren!

Ich habe dir dazu wieder ein paar meiner Gebete aufgeschrieben – und auch mit meiner »Mach-mit-Meditation« wünsche ich dir viel Freude!

Deine Luna

»*M*ach-mit-Meditation« – und sieh, was man mit geschlossenen Augen alles erleben kann …

*S*chließe die Augen und werde ganz ruhig – so ruhig, dass du deinen Atem hören kannst.

So ruhig, als würde dein Lieblingstier in deinen Armen schlummern und du möchtest es nicht wecken. Atme dabei ganz ruhig und tief in deinen Bauch, und ebenso ruhig und tief atmest du wieder aus. Fühle, wie sehr du das Tierchen liebst, das ganz nah an deinem Herzen schlummert. Atme in diesem schönen Gefühl tief ein und noch tiefer aus. Stell dir vor, wie froh und glücklich du bist, das geliebte Tierchen so nah bei dir an deinem Herzen zu haben, und sag dem schlafenden Tierchen in Gedanken, wie sehr du es liebst! Atme wieder tief und ruhig in deinen Bauch und noch tiefer wieder aus …

Nun beobachte langsam, wie ein bunter, schöner, großer Regenbogen über die ganze Welt gespannt wird und wie du auf diesem Regenbogen gehen kannst. Von dort aus

kannst du alles sehen – die ganze Erde ... Im Meer sind viele bunte, schöne Fische, und an Land gibt es grüne Oasen und glückliche Menschen, die sich anlächeln und in den Arm nehmen. Alle Obstbäume tragen große Früchte, und in den Wäldern siehst du viele nützliche Tiere. All die Wiesen sind satt und grün, und die Blumen blühen in den prächtigsten Farben. Du bleibst eine Weile auf dem Regenbogen stehen und beobachtest die glücklichen, gesunden Menschen und die wunderbare Natur ... Dann gehst du auf dem Regenbogen weiter und siehst, wie dein Engel dir lächelnd entgegenkommt ...

Du kannst, wenn du möchtest, deinem Engel nun danken für all das Gute auf der Erde ... dafür, dass die Engel den Menschen und der Erde so sehr helfen ... und für die Menschen, die auf die Erde achten. Warte ab, was der Engel dir zu sagen oder zu zeigen hat. Sieh, welche Farbe sein Kleid heute hat ... Vielleicht ist es blau wie das Meer oder zartrosa wie eine frisch geborene Rosenblüte? Welche Farbe das Kleid auch hat, wenn sie dir gefällt, dann lass dir diese Farbe von deinem Engel in einem Kübel anrühren und gib noch eine Handvoll Sternenglitzer mit dazu ... Wenn es genug funkelt, dann gießt du diese Farbe gemeinsam mit deinem Engel über die ganze Welt. Schau dir an, wie alles in dieser wunderschönen Farbe glitzert. Lass dir Zeit dabei ... Genieße die Momente mit deinem Engel auf dem Regenbogen ... Sie gehören nur euch beiden. Erst wenn du so weit bist, verabschiedest du dich langsam von deinem Engelfreund, und du weißt, dass er immer an deiner Seite ist – genauso wie auch ein Engel an der Seite aller Menschen auf der ganzen Erde ist ...

Werde nun langsam wieder ganz wach und ... strecke und spüre dich. Jeden Finger, jeden Zeh. Sag ein lautes Ohhhh und sag ein lautes Ehhhhhhhh. Kneife die Augen fest zusammen und dann reiße sie ganz weit auf. Klatsche in die Hände und stampfe mit den Füßen auf dem Fußboden auf.

Du weißt nun, wie wunderschön und friedlich die Welt sein kann, und gerade in diesem Augenblick fangen viele Engel an, dort, wo sie gebraucht werden, zu helfen ...

Lieber Engel,
ich bitte für eine Welt,
in der die Menschen sich lieben.
Wo Engelein wie ein Zelt
wachend über den Menschen fliegen.
Wo Bäche so rein und gut
wie in Gedichten aufwärtsfließen.
Wo jeder eines gerne tut –
die schönen Blümlein gießen.
Wo freundlich die Leute sind
und einander gerne helfen.
Ein jeder ist gut gesinnt
und glaubt an Zwerg und Elfen.
Wo selbst der kleinste Mann
wird wie ein Prinz besteh'n.
Ja, so wird es dann,
so wird eine neue Welt entsteh'n!
Danke!

*W*enn in ferner Zeit die Vögel Lieder zwitschern
und die Bienen dazu summen,
wenn die Bäche über Steine plätschern
und im Märchenwald die Bären brummen,
dann hat die Natur mit ihrer Kraft
alles ausgehalten, was der Mensch mit ihr gemacht.
Gib, lieber Gott, der Natur so viel Kraft, dass sie es schafft!
Danke!

124

*I*ch bitte für unsere liebe Erde,
dass sie gepflegt und gut behandelt werde.
Denn lange noch soll es grüne Wiesen geben,
in denen lustige Tierchen leben.
Wenn ich groß bin, werde ich vielleicht selbst Kinder haben.
Auch mit ihnen möchte ich noch durch grünende Wälder traben.
Drum, lieber Engel, hab drauf acht,
was jeder in der Natur so macht –
damit auch noch in vielen hundert Jahren
dort Blumenwiesen sind,
wo Blumenwiesen waren.

125

Lieber Gott,
hier sitze ich nun,
ich glaub, ich bin ein gutes Kind.
Doch was kann ich tun,
damit auch andere gute Menschen sind?
Ich werde einfach hier und jetzt bei dir für sie beten,
dafür, dass sich die Menschen nicht gegenseitig
mit den Füßen treten.
Dass alle gerecht und gut zu ihren Nächsten sind –
jeder Erwachsene und jedes Kind.
Danke!

Lass, lieber Gott, den Frieden in den Menschen wohnen.
Und Mutter Erde soll geliebt und gut behandelt sein.
Mit guter Kost und reinem Wasser wird sie uns belohnen,
und jeder Tag ist lieberfüllt und strahlt im Sonnenschein.

Vogelstimmen klingen herrlich,
wenn Vögel singen, klingt es ehrlich.
Lieber Gott,
lass alle Menschen sein
so herrlich und ehrlich wie ein Vögelein.

Lieber Gott,
Menschen können so gemein
zu den anderen Menschen sein.
Bitte Gott, gib mir den Mut,
wenn jemand Unrecht am anderen tut,
dass ich nicht, nur um dazuzugehör'n,
den angreife, der zu schwach ist, sich zu wehr'n.
Hilf mir vielmehr, auf der Seite des Schwachen zu stehen,
und hilf auch den anderen, den Weg der Gerechtigkeit zu gehen.
Denn Gerechtigkeit ist ein göttliches Maß,
erinnere die Menschen daran und schenke ihnen das!
Danke!

*I*ch bitte dich, lieber Gott,
für die Erde, für jede Pflanze und jedes Tier –
die Bitte kommt ganz tief aus mir,
weil es mir wirklich sehr wichtig ist,
dass man nicht etwas, nur weil es nicht sprechen kann, vergisst:
Beschütze alles, was auf Erden ist!
Danke!

*L*ieber Engel,
lass mich die Menschen mit Liebe segnen,
die mir auf meinem Weg begegnen.
Danke!

*I*n meinem Herzen brennt ein Licht,
strahlt hell, wenn man vom Frieden spricht.
Gott, lass es die ganze Welt erkennen
und öfter mal beim Namen nennen.
Danke!

*L*ieber Engel,
ich weiß, man soll in Frieden leben,
ich weiß, man soll viel Liebe geben.
Das immer zu tun, fällt manchmal schwer,
doch ich möchte es so sehr.
Drum mach ich jetzt mein Herz ganz weit
und bin für all dies jetzt bereit.

Warum »Danke« ein Gebet ist

»Danke« allein ist schon ein kleines Gebet, denn wenn ich für etwas aus tiefstem Herzen danke in den Himmel sage, dann hat man den Engeln gezeigt, dass man ihnen vertraut und daran glaubt, dass sie helfen werden. Denn danke sagen Menschen ja eigentlich für Dinge, die sie bekommen haben. Darum richte ich, wenn ich ganz fest um etwas bitte, einfach ein ganz liebes und freundliches Danke an meinen Engel. Es ist wirklich wahr – erst von Herzen danke sagen und es danach bekommen – wenn es gut für dich ist ... Aber die Wünsche, die von Herzen kommen, sind meistens gut für uns und unser Leben.

Sag danke für das, was du dir so sehr wünschst – und freu dich, als würdest du danke sagen, weil du es schon bekommen hast. Ich sage sehr oft danke und habe schon sehr

131

viele meiner »Danke-Wünsche« erfüllt bekommen – wenn es auch manchmal etwas gedauert hat.

Probier es einfach aus ... Es macht Spaß zu danken!

Deine Luna

$\mathcal{M}$ach-mit-Meditation –
und sag DANKE mit geschlossenen Augen

$\mathcal{S}$chließe die Augen und werde ganz ruhig – so ruhig, dass du deinen Atem hören kannst.

So ruhig, als würde dein Lieblingstier in deinen Armen schlummern und du möchtest es nicht wecken. Atme dabei ganz ruhig und tief in deinen Bauch, und ebenso ruhig und tief atmest du wieder aus. Fühle, wie sehr du das Tierchen liebst, das ganz nah an deinem Herzen schlummert.

Atme in diesem schönen Gefühl tief ein und noch tiefer aus. Wenn du so weit bist, dann stell dir vor, wie du den Wunsch, den du hast, gerade in diesem Augenblick erfüllt bekommst. Und sag in Gedanken ganz froh und glücklich »DANKE!« dafür.

Atme tief ein und aus – und noch einmal ein und aus – und ein drittes Mal – tief ein – und noch tiefer aus ... Dann reibe dir die Augen und werde wieder ganz munter und wach.

Und beim Gedanken an deinen Wunsch sei fröhlich, atme tief ein und aus und lach!

Ich möchte heute mal danke sagen.
Danke für die Tiere, weil ich Tiere gerne mag.
Danke für die Sonne, denn sie wärmt mich oft am Tag.
Danke für alle Menschen, die ich liebe und die mich glücklich machen.
Danken könnt ich wohl noch für viele tausend Sachen.
Danke noch mal für alles, was es Schönes gibt.
Danke auch an meinen Engel, weil er immer da ist und mich liebt.

Ich danke dem Himmel für den Sonnenschein,
der strahlet so schön oft ins Fenster herein.
Ich dank ihm für den Tau am Morgen,
auch dafür, dass ich von Engeln bin geborgen.
Ich danke, dass wir am Leben sind,
alle Menschen, jedes Tier- und Pflanzenkind.
Besonders dank ich dafür, was mein Engel für mich macht,
und stell mir vor, wie er jetzt glücklich ist und lacht.
Danke, Engel!

135

Lieber, guter Gott,
so schön sind deine Wiesen,
so schön sind deine Flüsse und Seen.
So schön sind deine Berge,
in die wir auch zum Wandern gehen.
So schön hast du die Natur gemacht,
du hast wohl sehr lange drüber nachgedacht.
Ich möchte dir dafür danken und sagen, dass sie mir sehr gefällt,
diese wunderschöne Welt!

*L*ieber Engel,
ich hab dich so gerne –
... wie der Himmel hat Sterne ...
... wie die Wiese hat Gräslein ...
... wie der Kasper macht Späßlein ...
... wie die Sonne ist hell ...
... und der Rennwagen schnell ...
Du siehst, ich hab dich ganz schön gern.
So wie ich auch alles liebe, was ich von dir lern.
Dafür möchte ich heute einmal danke sagen ...
für alles, was ich Gutes von dir lerne in all den Tagen.
Danke!

$\mathcal{W}$ie Luna um ein
Engelszeichen bittet

$\mathcal{I}$ch bitte meinen Schutzengel ab und an, ob er mir zeigen kann, dass er bei mir ist. Man soll dann allerdings nicht gespannt auf das Zeichen warten – und meistens bekomme ich das Engelszeichen genau dann, wenn ich aufgehört habe, daran zu denken. Eigentlich müssen die Engel niemandem etwas beweisen, denn wir sollen sie selbst finden, indem wir uns durch die Liebe in unserem Herzen mit ihnen verbinden. Doch ab und an bekommen wir Zeichen von ihnen – aus ihrer Welt in unsere Welt. Mein Engel ließ mich einmal eine weiße Feder finden, und ein anderes Mal, als ich ihn um ein Zeichen gebeten habe, sah ich noch am gleichen Tag einen bunten Heißluftballon – direkt über unserem Haus. Und ob du es glaubst oder nicht, ich durfte wirklich ein Stück mit dem Ballon mitfahren! Aber meistens bekomme ich kleinere Zeichen. Jeder Engel sucht sich seine Zeichen übrigens selbst aus – sieh selbst, wie dein Engel dich überrascht. Viel Freude und die schönsten Engelszeichen wünsche ich dir!

Deine Luna

*M*ein lieber Engel,
ich bitte um ein Zeichen von dir,
es soll unsere Verbindung stärken,
soll zeigen, dass du bist allezeit bei mir.
Ob Feder, ob Taler, ob goldenes Licht,
wie du es mir zeigst, bestimme ich nicht.
Du wirst es schon wissen,
was das richtige Zeichen dafür ist,
das mir zeigt, dass du, mein Engel, immer ganz nah bei mir bist!
Danke!

*L*ieber Engel,
wenn ich dich ganz fest darum bitte, dich zu spüren,
kannst du dann meine Hand oder meine Wange leicht berühren?
Wenn es ein ganz großer Wunsch von mir ist, dich zu sehen,
kannst du vor mir erscheinen, kann das denn geschehen?
Wenn es mein größter Wunsch ist,
dass du alles in meinem Leben lenkst,
meinst du, das geht? Sag mir bitte, was du über all das denkst!
Vielleicht sagst du mir die Antworten im Traum
oder wenn ich im Gras liege unter meinem Lieblingsbaum –
ganz egal, wo und wann,
weil ich mich über alle Antworten von dir freuen kann!
Ich liebe dich, mein Engel!

Lunas Lemniskate –
Heilungsgebet

Kennt ihr die Kraft von einer leuchtenden liegenden Acht? Ich kann euch nur sagen, sie ist eine wertvolle Hilfe, wenn man mal Schmerzen hat oder wenn es einem nicht so gut geht. Von meinem Engel habe ich gelernt, dass an den Stellen im Körper, an denen es schmerzt, die Energie, aus der unser Körper besteht, nicht richtig fließen kann. Man kann es sich wie bei einem fließenden Wasserfall vorstellen, in den man die Hand hineinhält.

Unser Körper ist der Wasserfall, und der Schmerz ist die Hand, die das Wasser an dieser Stelle stoppt. Die leuchtende liegende Acht ist dann das Zeichen, das es möglich macht, die Hand aus dem Wasserfall zu nehmen, um wieder ein durchgehender, gesunder, fließender Wasserfall zu sein – somit kann sie dabei helfen, wieder gesund zu werden. Falls du es gerade brauchst, wünsche ich dir die

145

leuchtendste Lemniskate! Das heißt so viel wie »gute Besserung« – nur eben noch besser! Mit dem Bild und dem Gedicht kannst du üben, dir die Lemniskate immer gut vorzustellen.

Deine Luna

$\mathcal{L}$ieber Engel,
ich will dir in Gedanken etwas malen,
von eins bis zehn kenn ich die Zahlen.
Und weil ich weiß, dass es dir Freude macht,
male ich dir in Gedanken eine liegende Acht.

$\mathcal{L}$ieber Engel,
diese Acht, die liegt, die leuchtet hell.
Und wenn ich genau hinschaue, dann sehe ich,
das helle Licht bewegt sich schnell.
Wie ein Licht, das man nicht stoppen kann,
bewegt es sich auf dieser Achterbahn.

148

*L*ieber Engel,
nimm es nun, ich will es dir geben,
denn du beschützt mich ja mein ganzes Leben.
Und wenn ich es brauche,
dann kannst du das Geschenk ja mit mir teilen,
denn ich habe gehört, diese leuchtende
liegende Acht kann einen Menschen heilen!

149

$\mathcal{L}$una – und was für sie der Himmel ist

$\mathcal{D}$er Himmel ist ein Platz in meinem Herzen,
er ist nicht unendlich weit entfernt.
Wer sagt, der Himmel sei weit weg, der muss wohl scherzen –
der hat anscheinend das Sehen des Himmels verlernt.
Der Himmel ist die Liebe und wohnt doch in mir und auch in dir.
Wie kann er dann weit weg sein – sieh nur, er ist doch hier!
Dort im Herzen, wo man Freude fühlt, wenn man lacht,
dort hat sich der Himmel oder ein Engel bemerkbar gemacht!

*Ü*ber die Autorin

*B*ernadette Saphira Huber wurde in Bayern geboren, wo sie auch heute lebt. Die sensitive spirituelle Dichterin, die als Entspannungspädagogin ausgebildet ist, schreibt für Kinder sowie für Erwachsene.

Der klare Kontakt zur geistigen Welt und ihre Gabe des Dichtens ermöglichen es ihr, die Menschen durch Kreativität zu erinnern und zu berühren.

www.bernadettes-dichterlichter.de

192 Seiten, 4-farbig, gebunden
ISBN 978-3-89845-411-7
€ [D] 14,95

Marina Kaiser

Das kleine Ich und das große Licht

Wer kennt nicht das Bedürfnis, von einem weisen, gütigen Freund an der Hand genommen und durchs Leben geführt zu werden? Dieses Buch der etwas anderen Art ist ein fast intimer Dialog zwischen dem kleinen Ich und seinem unendlich weisen Freund, dem großen Licht – ein Zwiegespräch, das Wahrheiten in uns selbst aufdeckt, die bisher verdrängt waren. Gefühle von Einheit, Verbundenheit und Liebe, die unter den Problemen des Alltäglichen verborgen sind, werden neu erfahren. In diesem lebendigen Buch erhältst du Antworten auf fundamentale Lebensfragen, wertvolle Ratschläge und Hinweise, die es dir erlauben, aus vielleicht schwierigen oder scheinbar aussichtslosen Seelenengpässen wieder herauszufinden – dank des großen Lichts, eines wunderbaren Ratgebers ...

Lerne auch du, dich mit deinem inneren Berater zu verbinden, um dich von Sorgen und Problemen zu befreien und dich endlich wieder als geliebtes Kind des Lebens zu fühlen.

288 Seiten, broschiert
ISBN 978-3-89845-342-4
€ [D] 14,90

Ingeborg Bergner

Das Diamantkind
Jedes Kind ist eine große Seele

Dieses Buch ist eine Weghilfe, um das spirituelle Wesen der Kinder zu verstehen. Es nimmt Sie mit auf eine Reise in die inneren Welten und führt Sie zu Plätzen, die der Verstand nicht besuchen kann. Es ist ein Ort der Begegnung, wo der suchende Erwachsene auf kindliche Spiritualität trifft, die Sprache der Kinder verstehen lernt und ihr einzigartiges Wesen erkennt.

Als schillerndes Diamantfeuer beleuchten die neuen Kinder unsere Schattenseiten und zeigen uns, was es bedeutet, die Verstandeswelt mit ihren materiellen Wünschen und ihren Illusionen zu verlassen, um frei zu werden durch inneres Erwachen – Diamantkinder sind im wahrsten Sinne des Wortes die Toröffner für ein neues Zeitalter.

Maria Anna Schmitt

Herzflimmern

... für Vertrauen, Freundschaft und Liebe

Herzige Wegbegleiter für Vertrauen, Freundschaft und Liebe ...
Dieses Herzkarten-Set hilft dabei, sich selbst und seine Liebsten
besser zu verstehen. Alle drängenden Fragen rund um Freundschaft, junge Liebe und Flirts sowie das Vertrauen zu sich selbst
und anderen werden witzig und schlagfertig beantwortet.

49 Herzkarten inklusive
3 Anleitungskarten, in Box
EAN 4260075280219
€ [D] 13,90

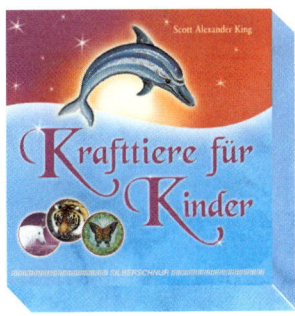

Scott Alexander King

Krafttiere für Kinder

Ein Kind in unserer modernen Welt zu sein, ist manchmal
schwierig, wenn man eine Entscheidung treffen muss, es einem
nicht gut geht oder man traurig ist. Wie schön, wenn man dann
einen Freund hat, mit dem man reden kann, der zuhört und hilft.
Krafttiere sind diese liebevollen Freunde, die dich unterstützen,
dir helfen und dich beraten. Schon die alten Kulturen wussten,
dass wir mit den Tieren kommunizieren und von ihnen lernen
können. Auch du kannst mit den Tieren sprechen, und dieses
wunderschön illustrierte Kartenset hilft dir dabei, die Botschaf-
ten der Tiere zu verstehen. Wann immer du den Krafttieren
deine Sorgen und Ängste mitteilst, werden sie dir Antwort auf
deine Fragen geben, dir Kraft und Vertrauen spenden und dich
auf deinem Weg durch das Leben begleiten.

45 runde, farbige Karten,
Ø 10 cm, mit Begleitbuch,
160 Seiten, broschiert, in Box
ISBN 978-3-89845-363-9
€ [D] 18,90

256 Seiten, 2-fbg., broschiert
ISBN 978-3-89845-394-3
€ [D] 16,95

Jessica Lütge

Die spirituelle Schatzkiste für Familien
111 Ideen und Spiele

Geborgenheit und Liebe in der Familie können durch kleine Zeichen der Gemeinsamkeit, gemeinsame Rituale oder spontane Überraschungen entstehen.

In diesem Buch erfahren Sie, wie Sie sich als Familie gemeinsam wahrnehmen, spüren und sich spielerisch und lichtvoll vertrauen. Sie finden viele Ideen, Spiele, gemeinsame Entspannungsangebote und Wohlfühlmomente. Manche bringen ganz schnell wieder frische Energie, andere zaubern ganz viele glückliche Momente und wieder andere lassen ein besonderes Gemeinschaftsgefühl entstehen. Das Schöne daran: Sie können alle Angebote mit Ihren Kindern gemeinsam ausprobieren.

21 runde Engelkarten
mit Buch, 202 Seiten,
brosch. in Box
ISBN 978-3-89845-065-2
€ [D] 25,90

Ingrid Auer

Engelsymbole für Kinder
Liebevolle Begleitung im Alltag

Integrieren Sie die Engel in den Alltag Ihrer Familie!

Dieses Set aus 21 neuen Engelsymbolen, kindgerecht auf runde Karten gedruckt, und einem Buch hilft, die Sensitivität der Kinder zu fördern, und unterstützt sie in ihrer Entwicklung. Es hilft aber auch Erwachsenen, ihr Herz den Engeln zu öffnen. Finden Sie als Erwachsener zurück zu dem natürlichen Zugang zur Engelwelt, den Kinder noch haben.

Mit diesem Set unterstützen Sie die spirituelle Weiterentwicklung Ihrer Kinder, denn Kinder lieben Engel – und Engel lieben Kinder. »Engelsymbole für Kinder« ist gleich doppelt verwendbar: Als gemeinsames »Spiel« für Erwachsene und Kinder und als »spirituelles Aufklärungsbuch« für Erwachsene.

112 Seiten Buch,
Ringheftung,
52 runde Karten in Box
ISBN 978-3-89845-118-5
€ [D] 19,90

Margot Pieters & Yvonne van Mete-
ren

Knuddel-Set

Die 52 bunten Karten mit lustigen
Zeichnungen, einem Schlagwort und einer Redewendung sind für
Kinder im Alter von 6 bis 12 Jahren bestimmt, wenn sie Trost brauchen, eine Belohnung verdient haben oder einfach nur Spaß haben
wollen. Die liebevoll gestalteten Zeichnungen, das entsprechende
Motto sowie die jeweils passende Redewendung geben neue
Anstöße und regen die Kinder so zu eigener Kreativität an. Im Knud-
del-Journal sind alle Kartenmotive vergrößert abgebildet und laden
zum fantasievollen Bemalen ein, und speziell auf das Bildthema
abgestimmte Fragen regen zum Nachdenken an. Damit entsteht ein
Tagebuch von bleibendem Wert!

144 Seiten, illustriert, 2-fbg,
broschiert
ISBN 978-3-89845-391-2
€ [D] 14,95

Tina von der Brüggen

Tierkommunikation für Kinder
Wir verstehen uns tierisch gut

In Kindern schlummert die Fähigkeit, telepathisch mit Tieren zu
kommunizieren, man muss sie nur wecken. Die erfahrene Tierkom-
munikatorin Tina von der Brüggen lädt Sie in diesem wunderschön
illustrierten Buch ein, gemeinsam mit Ihrem Kind zu lernen, mit
Tieren zu sprechen.
In dieser leicht verständlichen, spielerischen Einführung in die
Kunst der Tierkommunikation lernt Ihr Kind, die Bedürfnisse der
Tiere besser zu verstehen und dadurch Liebe und Respekt für sie
zu entwickeln. Spannende Imaginationsreisen und praktische
Übungen helfen Ihrem Kind, einfach kinderleicht mit Tieren zu
kommunizieren.

Weiterführende Informationen zu
Büchern, Autoren und den Aktivitäten
des Silberschnur Verlages erhalten Sie unter:
www.silberschnur.de

Natürlich können Sie uns auch gerne den
Antwort-Coupon aus dem beiliegenden
Lesezeichenflyer zusenden.

Ihr Interesse wird belohnt!